한 사랑을 그리며

_____ 님께

아름다운 나날 늘 건강하시옵소서

2021년 10월

박 고 은 드림

한 사랑을 그리며

박고은 시집

세종출판사

| 책 머리에 |

마음으로 품고
눈으로, 손으로 새기는
시 쓰는 일……

희로애락의 삶을
고스란히 다 담을 순 없지만
제 나름의 열정을 기울여
2003년 이후 쓴 시들을 묶어
보았습니다.

독자님들에게
깊은 감사를 드립니다.

2021년 가을
박고은

차례

1 한 사랑을 그리며

가슴에 머무는 사랑	15
한 사랑을 그리며	16
가슴 깊이 묻은 그리움	17
그래도 남는 게 있다면	18
가슴에 꽃피는 사랑	19
그리움이 맴도는 자리	20
사랑을 꿈꾸는 소망	21
무작정 길 떠나고 싶은 길에	22
그립다고 보고 싶다고	23
내 사랑이 있습니다	24
그대가 그립고 그립다	25
가슴에 지지 않는 사랑은 별로 뜨고	26
바람결에 불러보는 이름	27
사랑이 그리운 계절	28
마음이 머무는 인연의 자리	29
가슴에 불씨 하나 지핀다면	30
세월이 돌다가 잠기는 자국	31
마음의 벗은 아득히 먼 곳에	32

나도 한 줄기 바람이고 싶어라	33
꿈을 사랑하는 사람아	34
사랑이 머물다간 여운	35
잠 못 드는 밤에	36
사랑으로 살고 싶다	37
바람결에 띄운 그리움	38
그리움 한 줌 묻어두고	39
차 한잔해요	40
남몰래 눈물지을지라도	41
침묵하는 마음	42
인연	43
그리움이 젖는 자리	44
아사녀의 천 년 사랑	45

2 존재의 꽃을 피우라

가슴으로 부르는 노래	49
그대 들꽃으로 피어 살자	50
석양이 물든 나무처럼	51

존재의 꽃을 피우라	52
소망의 시	53
무욕의 계절	54
生 - 사는 것이 허망해도	55
잃어가는 것들에 소회	56
희망의 해돋이	57
세월이 힘겨워도	58
고독한 길에서	60
고독은 첩첩 쌓여가고	61
생의 한가운데 서서	62
아무리 서러워도	63
세상 유유히	64
虛(허) - 낙엽 지는 날에	65
사는 일이 아득하여도	66
희망의 노래	67
저무는 날의 사유	68
가을밤에	69
상실의 계절	70
영혼의 꽃	71
귀소의 새	72

못 견디게 그리운 날	73
가슴 잠기는 울음	74
낙엽은 또 지는데	75
계절의 우수	76
백도라지의 전설	77
계림	78

3 한 송이 들꽃으로 피어

한 송이 들꽃으로 피어	83
동백꽃 사랑	84
노을이 물든 창가에 서면	85
진달래 연정	86
유혹하는 봄	87
어디메서 오시는 님이기에	88
진달래꽃 그늘에서	89
봄봄봄	90
봄인데	91
라일락 꽃향기 맡으면	92

오월의 노래	93
산딸기 빠알갛게 익어가는 계절	94
시리게 푸른 날 뻐꾹새가 울면	95
차라리 산도라지 꽃으로 피었습니다	96
초록빛 여름날의 스케치	97
그리움이 젖어오는 바다	98
해바라기 연가	99
비에 젖는 추억	100
가을 당신	101
석류	102
가을은 오고 또 사랑도 오고	103
국화 앞에 서면	104
산정에 오르면	106
빨간 단풍잎이 황홀한 시를 쓰면	107
나는 갈대입니다	108
가을 노래	109
가을처럼 우리 사랑하자	110
비 오는 날에 너는	111
가을은 갈 빛 바람을 타고	112
해돋이	113

그대 함박눈으로 오는가 114
바다 116
무지개로 뜨는 사랑 117

4 다시 사랑한다면

그대 121
당신 122
그대야 울지 말아라 123
인정 124
병상 일기 125
못 견디게 외로운 날 126
잡을 수도 보낼 수도 없는 사랑 127
그대 사랑하는 것은 128
다시 사랑한다면 129
내 마음 당신 130
내 사랑에게 131

1
한 사랑을 그리며

가슴에 머무는 사랑

머물지 않는 세월에
한 번도 아닌 오랫동안
마음 깊은 사랑으로 와서
내 안에 여울져 머무는 사람,
골 깊은 쓸쓸한 외로움을
메아리 보내어 힘이 되는 사람아
무한대 하늘로 커가는 사랑이
이리도 흐뭇할 줄이야

남달리 눈물이 많은 나를 위하여
진실로 뜨겁게 품어주는
날로 꽃불로 피어나는 사랑,
오롯이 내 가진 것 다 주고서라도
사랑의 지갑 하나 준비하여
행복 두둑이 채워주고
영원을 더듬어 가는 그를 쫓아
내 영혼도 순순히 닮고 싶다

한 사랑을 그리며

딱히 기댈 곳 없는 고독 속에
그리움이 낮달처럼 뜨는 계절
눈부신 큐피드 화살을 맞고
가슴에 켜지는 사랑 불,
티 없이 아름다운 한 사람을 만나
알콩달콩 지낼 수 있다면

간절한 소망이 꽃으로 피어서
그의 앞에서는 늘 꽃이고 싶은,
온통 설렘으로 소용 도는 가슴을
주체할 수 없어서
손끝에도 진분홍 물이 드는
한 송이 봉숭아꽃이 되어도 좋으리

무던히 주고도 더 주고픈 마음
진실한 사랑을 얻을 수 있다면,
언제까지나 한마음으로
영혼을 채운 나의 하늘에
붉은 해를 띄워 놓고
날마다 방긋 웃어도 좋으리

가슴 깊이 묻은 그리움

사랑은 그런 것이지
영원과 무한의 뜻 새기며
마음 묶어 차곡 정 쌓아가는 것,
세상의 귀하디귀한 인연이기에
멀리 떨어진 채 서로 품은 만남이어도,
어진 약속 하늘처럼 게워 놓고
진정 사랑해도 좋은 계절 속을
미풍으로 흐르나니

설령 내 부르는 메아리 닿지 않고
그림자도 잡히지 않을지라도
가슴 깊숙이 묻어둔 그리움은
둘이서 꽃 빛 사랑을 피우던,
그대 돌아오길 언제까지나
고대하고 기다리는 그곳에서,
저물도록 연연한 그리움 몸짓으로
꽃 빛 사랑 노래 부르나니

그래도 남는 게 있다면

끝내 다 지나가고 남은 자리
메아리도 그림자도 잡을 순 없지만
이 세상 어질게 사는 삶 속에
그래도 남는 게 있다면,
가슴에 이 한 마디하고 살아가네
오직 깃 하나 마음에다 꽂아 두고
한 줌 햇볕 머금어 쏟아내는 소망,
빈 뜰에 화필 적셔 그려내는 꽃봉오리
코끝 스치는 향기에 가슴 내리면
멀어진 아득한 일도 우러나고,
눈시울에 스며드는 파란 하늘빛
아이들 웃음소리가 가슴을 적신다

가슴에 꽃피는 사랑

내 마음 아늑한 자리에
실버들 흔들듯 다가서는 사람
실비 같은 정,
가슴 뜰에 뿌리며
마음 실어 보내오는 맑은 향기
바람결에 고요히 흐른다

늘 봐도 보아도 그리운
꽃구름처럼 피어나는 그 모습
채워도 채워도 출렁이는 여백,
햇살 한 아름 꿈을 풀어
사랑 꽃으로 붉디붉게 폈다

다둑다둑
잠재워도 설레는 사랑의 나래
노란 나빌 사붓이 띄우고
꽃 빛에 펼쳐 든 소망 하나,
사랑하는 그의 곁에
오래오래 행복한 웃음을 엮고 싶다

그리움이 맴도는 자리

은은한 달무리같이 문득문득
그리워지는 고운 사람아
어느 때 두 손 잡고 마주 서서
따스한 체온 서로 나눌까
언제쯤 떨리는 입 맞추며
가슴 뜨거운 눈물 흘릴까

그리움이 맴도는 자리
어둑어둑 일몰이 쌓이는데
마음은 둘이 거닐던 그곳에 두고
쓸쓸히 그림자 데불고 오는 날이면,
어깨를 스치는 한 줄기 바람은
그대 손길인 양 푸근하고
눈감고 마음 하나 짚는 하늘에
저무는 노을은 눈물처럼 곱더라

사랑을 꿈꾸는 소망

가슴 깊숙이 묻어둔 정
겨자만한 씨앗을 배어
봄 햇살 찾는 사랑의 메아리,
세월이 이마에 지평선을 그어도
사랑하는 마음만큼은 그대로니
따스한 사랑의 체감 또한 다르리

세상이 죽을 만치 쓸쓸해도
고독한 인생길 사랑의 등불을 켜고
오순도순 아끼며 사노라면
안으로 몇 겹씩 피어오르는 무지개

가슴 속 일렁이는 푸른 소망
사랑이 피면 마음 꽃도 절로 피어
꽃다움 올올이 설레임 들어
처진 어깨 힘 오르고 가슴에 피 끓으니,
미소가 여울진 내 안의 영혼
행복한 삶의 향 곱게 피리

무작정 길 떠나고 싶은 길에

가슴에 드리워지는 그리움이
두 겹 세 겹 겹치어 갈 때,
대지에 봄볕이 사물 거리고
타는 열기로 카오스 열병을 앓아
무작정 길 떠나고 싶은 초하

천공이 풍안을 닦는 바람에
온통 빗장 질러대는 가을빛,
하늘과 땅이 하나 된 듯
하염없이 내리는 함박눈을 맞으며
정처 없이 눈길을 걷고픈 날에

약속은 없어도 우연이라도
내 마음 발길 멈추는 그곳에
내 영혼을 한없이 매료시키는 그대
사랑스러운 그대를 마주했으면 해요

온몸에 산빛을 몰고 온 듯이
풋풋한 싱그러움 내뿜는
멋진 그대를 만났으면 해요
차 한 잔 나누었으면 해요

그립다고 보고 싶다고

봄은 온 듯 만 듯한데
맘 꽃도 필동 말동 한데
내 적막한 창가에
새 한 마리 포르르 날아와
그리웠다고, 보고 싶었다고,
보고 싶어 찾아왔다고
아리아리, 지저귀는 새소리

무한대로 심금 울리는
가뭇 솟구치는 그리움의 소리
가슴 내리꽂히는 아픔의 소리
무지무지 보고 싶고, 그립다고……
먼 먼 하늘 담은 남빛 사랑,
깃 내린 내 마음 뜰에 맴도는
파랑새 울음의 먹먹한 긴 여운

내 사랑이 있습니다

까마득히 먼 천 년
별빛, 달빛 칭칭 감아서
섬섬이 풀어놓는 무릉도원
그 안에 우주 같은 내 사랑이 있습니다

마음 씀씀이 눈빛이 맑아서
눈 속에 채색되는 들꽃 순수,
달을 엮어서 뭇별을 엮어서
하늘 너머 산을 넘고 선 그대 가슴에
섬섬옥수 수놓는 내 사랑이 있습니다

굳이 눈 맞춤 안 해도
손가락 걸어 맹세하지 않아도
진실한 영혼끼리 가닿는 사랑길,
한결같이 빛 보라로 찰랑거리는
설화보다 더 신비하고 아름다운
불멸의 내 사랑이 있습니다

그대가 그립고 그립다

돌아서면 잊으리라
백 번 천 번 잊자 하여도
눈감으면 가슴팍에 안기는 모습
기울이면 소곤소곤 들리는 속삭임,
얼마나 더 지나야 꼬리 무는
그대 생각이 잠잠히 멈출까
그 모습, 그 음성 묻어나는 오솔길에
지금도 꽃은 피어 고운 향기 날리는데
그립다고 보고 싶다고,
새들도 그대 오기를 소망하는
내 마음 절절히 울려 주는데,
오지 않는 그대를 기다리며
목젖까지 차오르는 보고픔
두 손 꼭꼭 모아 쥔 아린 그리움

가슴에 지지 않는 사랑은 별로 뜨고

사랑의 미소가 여울지면
허공 높이 뜨는 샛별
찬란히 빛나는 명징한 그 빛
따라 살다 보면,
씨앗 같은 목숨 다한 그날에는
지순한 영혼도
어쩜 샛별로 뜰지 모를 일

백합향이 흐르는 피안
별자리 열리는 그곳에
초롱초롱 피고픈 별이여,
더없이 소중한 꿈은
이제 소망으로 남기고 가자
참으로 고귀한 사랑은
가슴에 품어 보듬고 가자

바람결에 불러보는 이름

처대 온 세상 끝에
참으로 애타게 그리는 마음
정녕 그리움이야 절절한 외침인데,
못 견디게 그리운 날 빈 뜰에 서서
바람결에 불러보는 이름
얼마나 황홀한 빛에 눈 부신가 사랑아,
눈 감으면 그 모습 눈에 밟혀
가슴이 저려오는 불망의 정이여!

여태껏 손 한 번 잡지 못했고
꿈길에 불러 봐도 대답은 없어도
풀면 풀수록 자꾸 엉겨드는 매듭,
밤낮 없는 오랜 기다림으로
마르지 않는 풀빛 가슴에
만남을 꿈꾸는 파랑새 한 마리,
내 사랑은 파닥파닥 날아오른다

사랑이 그리운 계절

층층
세월만큼 풍기는 멋도 고와
소담스레 맺히는 꽃봉오리
은근한 아름다움 서로 주고받으며
쓸쓸한 마음 쓰다듬고 싶은 사람,
습지에 돋아난 버섯 같은 고독과
길로 웃자란 외로움 꼭꼭 밟아줄
딱 한 사람을 만나고 싶다

기실 사랑하는 사람을 위하여
울 수 있는 행복 그 행복도
그냥 주어지는 것은 아닐 테지만,
따뜻한 불씨 하나 가슴에 지펴
진정 사랑해도, 그래도 좋을
참으로 뜨겁게 울어줄 단 한 사람
소중히 갖고 싶다, 하여
아낌없이 후회 없이 사랑하고 싶다

마음이 머무는 인연의 자리

보랏빛 매듭진 마음 한 자리
가슴 풀어 한 가닥 휘감긴 인연
풀리고 맺힌 정은 하늘가에 끝이 없으니
끝내 돌고 돌아온 숙명의 인연,
잃은 것 안은 것 다 귀한 사랑이어서
그리움의 덧살 돋아 뿌리 진 가슴

속일 수 없지, 마음속 참사랑은
세월에 감기어도 짙어 오는 숨결
순금의 넋으로 되살아 와서
굳게 닫힌 문 열고 마주 선 마음

소박한 일상에 스며드는 향기
아름다움! 그 황홀한 귀소의 향연
따스한 입김이 젖 되어 펼치는
눈부시게 화사하고 설레는 꽃길

소망의 길목마다 아름다운 꽃 피워
삼백예순날 미소를 새겨두고픈
마음이 머무는 인연의 자리
동천 높이 활활 붉은 해가 뜬다

가슴에 불씨 하나 지핀다면

보낸 세월
허송세월은 아니었지만
나이가 들수록 박히는 서글픔,
고뇌는 늘 가슴 깊이 들어서지만
줄기찬 몸짓이면 절벽인들 못 뚫으리

뼈마디 밝힐 꿈 아낌없이 혼 태울
불씨 하나 가슴에 지핀다면,
생명이 목타는 마음의 뜰에
꽃이라도, 실한 열매라도 가꿀
솜처럼 포근한 봄은 진정 와 주겠지
시린 영혼을 달구는 열정
빈 가슴 풀면 파랑새도 날아들겠지

지순한 승화를 위하여
칠전팔기의 오뚜기 의지로,
까마득히 암벽 타는 정신으로
푸른 산정에서 힘껏 노래하리라
백절불굴, 혼 담은 삶을 불태우리라

세월이 돌다가 잠기는 자국

애모의 바람 일던 세월 한 자락
꿈에도 잊지 못해 그리는 날은
호젓이 거니는 오솔길
그때의 시간 앞에 햇살 떨어지며
자국마다 수놓는 정겨운 손짓,
버려둔 우리들 나무는 훌쩍 자라 있고
서걱 이는 나뭇잎 소리에
기억 끝으로 나는 새 한 마리

정처 없이 무작정 내딛던
그날의 가슴만큼씩 열리는 언어들,
귀청엔 울리지 않으나 들릴 듯한
망막까지 오지 않으나 보일 듯한
마음을 두드리는 그 울림,
잠기는 우수마다 쏟아지는 잔기침
젖은 풀잎만 봐도 아픈 그리움
힘없이 터벅터벅,
홀로 돌아오는 발길에 산태처럼 묻었다

마음의 벗은 아득히 먼 곳에

한밤중에 홀로 깨어 쌓이는 고독은
차라리 높은 적막강산
가까이에 사람들이 살아도
외딴섬처럼 쓸쓸해지는 날들,
눈시울에 스며드는 칠흑 하늘녘
아스라이 별빛은 가슴 벽을 흐르고
정적을 찢는 야옹이 소리는 어둠을 뚫는데

마음에 그리는 벗은 아득히 먼 곳에
만나진 못해도 알 수 있는 그 세상
보고파서 두 눈에 어른대는 사람아!
오는 듯 꿈은 꿀지라도 근황을 알고 싶어
날마다 생각하는 질긴 무력,
깊은 마음속 어찌 다 짐작하겠나 마는
내 속에 먹은 뜻을 그래도
그대는 익히 알고 있지 않나 싶어

나도 한 줄기 바람이고 싶어라

정처 없이 지향할 바를 모르는 날
바람이 부는 언덕에 서면
나도 바람처럼 흐르고 싶어라

아픔과 회오의 가슴에
바람 한 자락 닥쳐 분다면
참았던 울음 실컷 소리 내보내리라

미운 마음 바람에 띄워 보내면
가슴 바닥에 휘휘 감기는 하늘,
바람 부는 언덕에 서서 내려다보는
세상은 비록 휘청거려도
종달새처럼 고운 노래 띄우리라

쉼 없이 부는 바람 그 위력을 알기에
바람 따라 흐르고 싶은 마음
오늘만큼은 나도
한 줄기 바람이고 싶어라

꿈을 사랑하는 사람아

세월은 녹이 슬어도
몸은 점점 허물어져도
아리도록 고운 꿈 꾸는 사람아!
끝까지 절망 말고 하늘을 보렴
어둠 속에서도 빛이 새어 나오듯
아직은 우러러볼 하늘이 있고
저리도 해가 밝으니
가슴은 푸르디푸른 수목으로
오늘 사는 일상이 참 따스하리

사랑이 머물다간 여운

무염한 한때 쌓인 적요 속에
달빛같이 은은히
가슴팍에 안겨드는 이름,
부를수록 따스한 무엇이 있습니다

바라보는 그윽한 눈빛으로
가슴의 빗장 흔들던 그 속삭임
고요한 빛살을 펴서 짓던 웃음,
작은 두 손에 담긴 정은
나직이 회향의 늪에 머물러
기분 좋을 바람으로 느낍니다

가슴 풀면 쉬이 젖는 갈망의 소요
순연한 꿈을 엮던 꽃잎의 향취,
심층 깊이 차곡차곡 쌓이는 여운은
깃 달린 애정으로 그래도 머문다면
고이 지녀 살고 싶습니다

잠 못 드는 밤에

소란스럽던 만상은 다 잠이 들고
홀로 잠 못 드는 허허로움,
뜬눈으로 이리 뒤척 저리 뒤척
상념이 여울진 이런 밤에는
말벗이라도 한 사람 있었으면……

오늘 밤 따라
적막을 흔드는 벌레 울음소리는
왜 이리도 애잔하고 슬프기만 한지……
울컥, 더워오는 두 눈꺼풀
녹차 한 잔으로 마음을 달래면
기억 가장자리에 다가오는 그림자 하나

살며시 창을 열고 밖을 내다보면
꼬박 한밤을 밝힌 가로등과 샛별,
고즈넉한 흰 달도 서녘으로 기울어가고
어느덧 동터오는 여명의 새벽빛

사랑으로 살고 싶다

날마다 영혼을 가꾸며
비우고 또 비워서 찬연한 하늘가,
돋쳐 오르는 목숨의 꿈
뿌리 깊이 불을 묻고 한 그루 꽃이 되길
꽃이 되어 시린 가슴에 기쁨의 눈물이길

연연히 깃들인 정, 삶의 의지
모진 바람 채찍인들 두려워할까
묶인 매듭 풀어 체온 나누며
영육 다 바쳐 사랑으로 살고 싶다

한두 철 화사하게 피우다가
머잖아 스러질 향기라도 창창히 엮어
한 번은 바램으로, 한 번은 기쁨으로
저문 들에서 힘껏 노래하고 싶다

바람결에 띄운 그리움

속절없이 흐르는 세월 속에
기다리고 그리는 정이
이토록 애가 탈 줄이야!

잊으래도 감겨오는 그림자
가슴 아리도록 보고픈 사람
아직도 남아 따스한 그 웃음
시린 두 눈에 밟혀 꼬리 무는
아아, 사랑아!

흐르는 바람도 귀가 밝아서
내 바램 간절한 소리 내어
바람결에 띄워 보내는 마음,
내 안에 똬리 튼 그리움만은
끝내 놔 버릴 수가 없다

그리움 한 줌 묻어두고

남몰래 품은 사랑
어느덧 인연의 실타래에 감겨
우리는 손가락 걸고 약속했었지
우리 사랑 영원하자고,
눈 감아도 보이던 우리들의 마음

한마음으로 뜨겁게 피우던 모닥불
붉디붉은 그리움 한 줌 묻어둔 채
세월은 야속히도
절절하던 그 눈빛, 따스했던 손길은
지금은 꿈으로나 닿는 사랑
가슴 저리도록 타는 보고픔

마음 한편 아늑한 자리에
손 하트 그리며 오는 한 사람
차 한잔할 때면
어김없이 찻잔에 어리는 얼굴,
눈 감으면 곁에 머무는 듯
눈가에 도는 웃음, 낭랑한 그 음성
창가에 스치는 바람인 양 흐른다

차 한잔해요

함께 마주 앉아 주고받는
그윽한 향이 모락모락 피는
따끈한 한 잔의 차를 들면,
채우지 못한 여백의 삶
고된 세상살이 이슬 녹듯 감치고
마음 흐뭇이 피어나는 꽃
기실 행복이란 차 한 잔의 깊이와 여유

두 손 감싸 건네는 찻잔에
메마름 축여 가며 고이는 사랑,
눈으로 오가는 정과
찻잔 속에 우러나는 이야기는
진정으로 피우는 사랑의 맛 멋!

서로의 가슴 덥히며 나누는 마음
맞잡은 손에 전해지는 온기와
함박미소 짓는 얼굴빛,
여운 가실 줄 모르는 심향은
은근히 깊고도 넉넉하나니…
우리 다정히 차 한잔해요

남몰래 눈물지을지라도

싱그럽고 향기로운 것들
뜨겁게 무성히 어우러지던 산하,
생기발랄한 계절은 꽃잎으로 날려
어느덧 변절의 세월은
휙휙 휘파람 불며 지나가고,
석양이 물든 마른 풀잎에 맺힌 이슬
서글피 바라보며 젖는 마음

남몰래 그렁그렁 눈물지을지라도
시린 두 손 펼쳐 손금을 헤노라면,
굳게 닫혔던 기도의 문 열리고
일제히, 화사히 피어나는 꽃잎들
시린 얼굴 붉게 타오르고
눈먼 쌍비둘기 정겨운 소망 곁에
층층이 불 밝히는 따뜻한 일상

침묵하는 마음

늘 생각하는 마음
그리운 마음이야 없을까마는
말로써 말할 수 없는
한마음이 있으니,
지금은 소리도 자취도 없는
내 하늘은 깊은 침묵
사랑도 미움도 비운 침잠된 가슴

누구든 바람 한바탕 울고 지나갈
사연이야 없을까마는
끝끝내 할 수 없었던 말들,
보석같이 꼭꼭 싸매어
고이 간직하고픈 마음은,
차라리 지난날은 탓하지 않기로
못 잊을 이야기는 시로 남겨 놓기로

인연

아무리 안아도 한 아름이 못 될 삶
혼자서 다독여도 다 못 이루는 정
나는 여기서, 너는 거기서
질긴 인연의 끈을
서로 맞당기고 끌려가는 우리

온 세상 비추고도 남은 빛으로
사람 맘속에 스미는 달같이
얼어붙은 별빛이 비수 날로 잘리고
마른 강물이 여울져 넘치는
깊고 도타운 정

굽이굽이 흐르는 강 언덕에
인연의 모둠 줄이 찬바람 사이 떨며
애젓이 낙엽을 떨굴지라도 ,
차마 등 돌리고 선 긋는 일 없게
나의 친구여, 연인이여!
우리가 쌓은 연연한 정은
대낮에도 속 눈 뜨는 별에게 전하고
이끼 핀 바위에도 꼭꼭 새겨 두련다

그리움이 젖는 자리

생애 지친 노독이
밤같이 스미는 날에는
당신과 거닐던 호숫가로
마음 먼저 달려갑니다

벚꽃이 날리던 그 날처럼
연파를 일으키며 맴도는 그리움은
향수 어린 추억을 부르는데,
일생 가슴 삭아 내린 사랑의 품,
하늘 담고 일렁이는 물소리도
비단 숨결로 감으시던 호심이여!

외로이 걷는 호숫가
따뜻했던 모정의 여운은
수심 속 고요를 안아
뽀오얀 물안개로 일어서고

꿈길로 오는 당신의 사랑
영롱한 별로 뜨고
달로 뜨고……

아사녀의 천 년 사랑

손닿지 않는 지평 끝에
그리움 걸어두고
지극정성 기도하는 아사녀의 불심!

'내 사랑, 내 낭군 아사달
지금쯤 훠이훠이 달려오는가'

밤마다 한 줄기 달빛 타고
그립고 보고픈 님을 찾아
낯선 서라벌을 떠도는
아사녀의 지순한 영혼,
오매불망 아사달을 향한 일념
그 마음 오색 실밥이 되고
애가 타는 그 눈빛

한 올 한 올
꿈 오라기 깁는 바늘이 되어
오직 님을 향한 일편단심,
별자리 십자수 누벼
천 년의 영겁 사랑
비단 한 필 곱게 짰다오

2
존재의 꽃을 피우라

가슴으로 부르는 노래

가슴으로 부르는 내 노래는
비단 숨결 설레이는 호심
그리움이 한껏 차면
마음은 동그라니 호수가 된다

흰 구름 두둥실 떠가는
하늘 안은 푸른 호수 위로
맑은 풍경이 잔잔히 흐르고

바람이 쉴 새 없이 연파를 일렁이어
가슴에도 물결 소리 찰랑찰랑
나직나직 퍼지는 나의 노래

그대 들꽃으로 피어 살자

그대, 길 잃고 갈 곳 몰라
헤매는 사람아 어서 오라
푸른 들녘 들꽃으로 피어 살자
삶의 노독에 지친 사람아 오라
풍상에 너덜해진 옷 벗고서
소담스런 들꽃으로, 자연으로 살자.

아직 남아 떨리는 뜨거운 노래
차마 구름에도 못 띄운 사연들
풀빛 내음 사루어 꽃피는 가슴으로,
꿈의 빛 조각 술렁이는 들녘에
새싹으로 살아가는 날들의 기원

뜨는 해를 안고 나는 새들
젖은 가지에 떠도는 햇살 아래
풋풋이 번지는 들의 향,
실의와 좌절에 빠진 사람아,
한 송이 들꽃으로 피어 살자
내일 향해 희망을 지피는 마음
해맑게 웃는 꽃물결 들녘이 참 고와라!

석양이 물든 나무처럼

얼마나 깊은 인고로 살아냈기에
오백 년을 지나 저리도
꿋꿋이 지평을 눌러
찬 하늘을 떠받고 있을까

뻗친 가지마다
바람은 달라붙어 울부짖는데
얼마나 간절한 요원을 품었으면,
날마다 새소리, 벌레 소리
스며든 가슴 깊숙이 땅에 묻고
푸른 영토를 지키고 섰을까

우리도 목숨 지는 계절에는
석양이 물든 처연한 나무처럼
고운 꿈, 헛된 욕망 풀어내려
가질 것 없는 지심을 지녔으면 좋겠다

얼키설키 옭아맨 이승의 질긴 줄을
바람 날개 접듯 놓아 버리는
인종의 나무 미덕을 짚으며
평온히 잠들 수 있었으면 좋겠다

존재의 꽃을 피우라

누리에 가득하던 얼과 정과 꿈
자연의 푸름에 취하고
꽃에 설레던 날도 있었건만,
어느덧 적막이 첩첩 쌓인 계절
연륜이 붉은 핏기 앗으면
마음조차 고적한가

시리고 허한 가슴이래도
어디 마음 붙일 데 없으리
메마른 삶이어도 먹은 마음 따라
다시 화사한 봄은 올 터,
현존! 살아있음을 천명하라

여태 심층 깊이 쌓인 고적함
당장 떠나라, 떠나가라
고적이 깡그리 떠난 그 자리에
존재의 꽃 화알짝 펴라

소망의 시

여리나 옹골찬 몸짓으로
굳은 땅을 뚫는 새싹처럼
애써 안을 가꾸는 보람찬 의지로
빛을 찾는 그 마음만 놓지 않는다면,
가슴 활활 태울 신명이 내려
마음 밭에 사랑의 참빛 뿌리며
곱고 아름다운 꽃을 피워 익는 열매,
비록 몸은 힘들어도 마음먹기 삶이라
시리도록 샛별을 보며 비는 간구!
가슴이 차갑잖게, 무디잖게 일깨워
빛나는 야광주 가슴 환히 밝혀주기를
마음의 꽃밭 사시장천 늘 향기롭기를

무욕의 계절

이젠 쉬엄쉬엄 걸음이 좋아라
반도 남지 않은 귀착지 향해
담담하게 가는 게 편해라

슬렁슬렁 가다가 구름에 앉아
조화를 담기도 하고,
청풍 거느려 노닐기도 하면서
온 누리 무한을 휘저어
시공 넘나들며 무량을 누비리
무궁한 마음 놓아 영원을 더듬으리

기실 산다 함은 영위를 이룰진대
적요란 비운 이가 얻는 성취,
허망한 욕망 따라 돈을 쫓아
욕심 뻗친 탐욕 덤불들
깨끗이 태워 버린 무욕의 유열,
천계로 이어질 목숨
인이 피어 광이 빛나리

生
– 사는 것이 허망해도

어느덧 흘러간 세월의 애잔한 강
기차 달리듯 지나가 버린 시간
돌아보면 나그네 길
빈 들녘에 선 허수아비,
꽃 대궁만 남은 꽃 진 자리에
텅 빈 공허는 무엇으로 채우나
내일은 또 무슨 노래를 불러야하나

초롱초롱 샛별같이 살자 해도
찬란히 피우고 싶던 꿈!
마음껏 다 펼치지도
채우지도 못한 안타까움.....
망망한 저 바다에 물어보면,
인생은 진정 소중한 것이니 그래도
희망 품고 애쓰라 그러겠지
언젠간 먹구름 걷히고 해 뜰 테니
그저 묵묵히 참고 살라 하겠지

잃어가는 것들에 소회

한 세월 바람처럼 서성이던 가슴
돌아와 차 한 잔 마주한 잠시의 유예
아쉬운 세월 저쪽, 상념의 층계
성급하고도 뜨겁던 청춘시절
순수 낭만은 젊음의 꽃이었지

그 낭자하던 꿈을 꽃잎으로 날리고
세월 가는 대로 잃어가는 인간사
명멸하는 기억 속 자취들은 지워지고
추억 하나쯤 저문 땅에 묻어두면
그리움 자양 되어 별로 돋아날까

젊은 날 철없던 마음이 돌아와
눈 떠지는 슬기로움
연륜을 더할수록 배우는 질서,
깨치는 인종과 내리는 풍요
덕과 포용으로 서행하는 자리,
제 나름대로의 삶을 지켜
어질은 수양으로 딛고 싶은 한 줌의 흙
돌아갈 준비를 해야지, 흙으로 돌아갈

희망의 해돋이

내 혼이 귀소하는 동트는 창가
깍깍 까치 소리 깍깍
잠든 내 안을 깨우고
적막에 잠긴 세상을
일제히 흔들어 놓는데,
밤새 뜬눈으로 지새운 가로등
빛 잃고 교차하는 개천의 일순,
깨어라고, 깨어나라고
핏빛 불덩이 내뿜는 해돋이
캄캄하던 가슴이 뿜뿜!
꿈 희망, 푸른 기 넘쳐서
삼라만상이 파딱 일어서는
전율 일체의 환희여라

세월이 힘겨워도

힘겹게 보낸 세월, 한 뼘 봄만 얻어도
사는 낙이 즐거울 텐데
어둡고 흉흉한 계절에
목매던 열원 얼마를 더 불러야
영혼마저 해갈될 봄은 올까

암울하고 답답한 가슴
가만히 앉아서 푸념만 할 수 없는
분명한 진실 하나,
부끄럽지 않은 이름을 위하여
고뇌하는 시대를 지고 메고
맨발로 걷다가 쓰러질지언정,
맨땅이라도 쳐보는 패기를 갖고
한겨울 몹쓸 추위와 대결해야 하리

저 하늘이 지친다 해도 잠들 수 없는 몸
철통같은 기막힌 성을 허물고,
무성한 잡초를 불태우고
창공을 누비며 우리는 날아야 하리
아픈 가슴 헤집고 새살 찾아줄

진정 따스한 봄을 위하여,
어둠 사루어 마시고 미명 속을 나는 새같이
입술을 꽉 깨물고 우리는 날아야 하리

고독한 길에서

무심한 세월에 외로움을 안고
정적 속으로 묻혀가는 나날들
무미와 단조에 묶인 고독한 삶이
한 오백 년 살아온 노송에나 비할까

얼키설키 어우러져 사는 세상
하루하루가 이리도 쓸쓸한지
빈방 벽시계인 양 길들인 일상,
심층 깊이 차곡차곡 고독이 쌓이면
석순이 잔뜩 돋은 동굴쯤 될까

한가득 차도 빈듯한 하늘 아래
차라리 나란히 선 장승이길,
빈 가슴 횅하니 바람 부는 오늘도
쓸쓸한 하루를 밟고
고독에 절은 발자국이 저문다

고독은 첩첩 쌓여가고

허심한 발걸음 옮기는 오늘은
세상이 어찌 이다지도 쓸쓸한지
홀로 허허벌판에 선 듯
파편 진 가슴으로 토하는 독백은
차가운 바람벽에 흔들릴 뿐

심연의 고독으로 하여
첩첩 쌓여가는 이 적막함,
세상은 날이 갈수록 낯설기만 한데
가랑잎처럼 메말라가는 육신과
묻혀가는 존재감

비탈진 시린 가슴에
이제는 무슨 불을 지펴야 할지
어떤 빛깔의 꿈을 엮어야 할지
여태 지나온 삶이 스스로 안쓰럽고
쓸쓸하기 그지없다

생의 한가운데 서서

이제껏 살아오면서
은근히 행복하기만 바랐지만
인생은 행, 불행이 번가는 미완성

마음에 싹튼 욕심은 버리고 갈 것을
늘어도 나이고 줄어도 나인 것을,
언젠간 한 줌 흙으로 남을 인생

세상엔 의욕과 열정을 기울여도 못 이룰 일
다 못한 영혼이 상심해 엎드려도
탐욕을 깨치고 마음을 다스리자
회한으로 우울할 땐 하늘이 닫히고
무욕할 땐 하늘이 활짝 열리리니

허무의 구름이 잔뜩 드리워지고
몇 바리 짐 진 허리 굽은 삶이어도
본래 생이란 그러려니, 하고
비운 가슴에 꽃 한 송이 곱게 피우자

아무리 서러워도

아무리 서러워도 서러워 말 것을
그늘진 응달에도 빛이 들고
고목에도 싹이 트나니,
슬픔도 달래면 꽃으로 피는 것을
아픔도 견디고 나면 힘이 되는 것을

고인 울분 말끔히 씻어내고
아픈 미움 깊숙이 땅속에 묻고
회한마저 쓸어 별 떨기로 묻어두고
그저 환히 미소 짓는 인생

홀로 세상에 불행한 듯해도
낙심치 말고 고운 노래 띄울 일이다
무릇 더딘 사랑일랑 꽃필 때까지
그저 무던히 기다려 줄 일이다

뜨거운 눈물이 가꾼 마음이야
영혼 뜰에 피어나는 꽃봉오리
꿋꿋이 버텨 온 일상을 내려다보는
하늘도 무심하지 않으리라

세상 유유히

세상은 무념무상의 강
꿈이 피는 사유의 강 나루에
상념이 돛을 달아 떠흐르고,
빈 듯 찬 것 같고 차고도 빈 듯한
무한대가 감싸는 하늘 우러르면
마음은 그저 넉넉하기만 한데

이제껏 보낸 절반의 생애
바라던 뜻대로 못다 이루었어도
행, 불행은 내게 달렸음을
넘쳐도 나고 모자라도 나인 것을
뭐 하러 날을 세우는가

무변 무애, 허공 휘휘 저어
무한을 움켜쥐고서
유유히 자연 하나 피워 물고
신명 나게 노래 부르며 살리라
속진 세상 한낱 꿈이라 해도
고이고이 살다가 고요히 가리라

虛(허)
– 낙엽 지는 날에

단풍잎 뚝뚝 지고
잎 지는 소리에
바람도 조각나 밟히는 사념

차마 지는 낙엽을 애써 바라보는
내 영혼도 어느덧 나뭇잎 지는 계절
첩첩 쌓이는 연륜의 뜨락에
한 잎 구멍 난 낙엽으로 누워
신음도 목이 메어 파열하는 상흔

이제껏 흘려보낸 세월만큼
중량의 침묵으로
무명의 生에 사유를 깨친다

사는 일이 아득하여도

무릎이 시리도록 빌던 간구
끝내 허무로 돌아오는 저녁
뼛속 깊이 파고드는 쓰라림만 남는가

빈집 들듯 어둡고 씁쓸한 심정
허탈을 지고 든 골목에
초라하니 수그린 그림자 하나,
그렁그렁한 눈빛
천근만근 무거운 발길에
허기진 바람은 옷자락 날리는데
하늘에 초승달만이 호젓한 위로

버틴 삶이 진창인 오늘
애쓰는 마음이 어덕 지덕 그래도
지레짐작 가지 않는 그 너머로
내일은 가슴 안뜰 가득히
따뜻한 햇살과 기쁨이 일렁이기를……

희망의 노래

늘 젖은 눈으로 글썽이는 삶의 뜰
여태껏 신기루는 보질 못했었고
한 번 호사롭게 살지도 못했지만
나름 일구어 온 희비의 삶에
뿌리째 흔들리는 태풍 속,
몇 번의 큰 위기 닥쳤어도
푸른 꿈길 따라 한결같이
목숨 달구어 버텨 온 세월,
생활 자국마다 이끼가 돋고
곤한 살림살이 애환도 서리지만,
시름이 힘겨워도 희망의 집념으로
부싯돌 불씨 얻어 모닥불을 피우듯
혼신을 다해, 열정을 다해 살고 싶다
고운 정성으로, 참사랑으로 살고 싶다

저무는 날의 사유

이제 꿈으로나 와 앉을 젊음
심장의 고동은 여려지고
생각이 무거워지는 나이
푸른 계절은 다 갔는가
모두들 돌아가야만 하는가

누구나 가야 할 그 길은
적멸 안에 편한 휴식일지도…
유유히 거닐 안뜰을 비워두고
명상 속 마음의 풍요를 누리리

가지 끝에 걸린 석양처럼
겹겹이 쌓인 무상 너머
광활한 우주의 모서리를
무변의 영원으로 다스리리

가을밤에

잠 못 이뤄
뒤척이는 밤
사운대는 기척 있어
살며시 귀 기울이면

달빛 타고 가는
기러기 울음소리에
흩어지는
가랑잎들의 음표

날이 새도록
눈 감고 듣는
이 고혼에도
회억의 오동잎 한 장
뚝, 떨어졌음을……

상실의 계절

가을이 지는 여운의 그림자
잎잎에 화인이 찍혀
시나브로 떠는 소리
빈 가슴일수록 사무치게 듣는다

가을 숲 금빛으로 빛나던 목숨
은행이며, 도토리며, 밤송이
이제는 밀리는 서러움 안고
꼭지 틀며 우는 저 낙과들

몸부림치며 톡톡 지는 울음
아무도 대신 할 수 없는 아픔을
서글피 거두는 우리는
다만 넉넉하게 어루만져 줄 뿐

긴 겨우내 속잠이 들 목숨,
또 다른 자유를 위하여
영혼의 등불로 어둠을 밝힌다

영혼의 꽃

아득히 눈 주는 곳
햇살 부서져
얼비치는 호수

구겨지는 그림자
세상 서러움,
무거운 시름들
포름히 씻어내고

허울 옷으로 가린
욕망이 어른거리는
몸마저 벗어버리면

윤슬 이는 물 위로
환히 솟아오르는
한 송이 영혼의 꽃!

귀소의 새

그렇게 가고 말면 그뿐
차라리 눈감아야만 했던 마음의 강
눈에 익은 빛, 귀에 젖은 소리
그 모든 것을 흘려보낸 빈 둥지

목마름이 흠뻑 젖는 영혼의 자리
청춘의 가지에 앉아 고운 음률
귓속말로 잠기던 작은 새는,
떠나간 길손의 기억 따라
끝없이 맴도는 뽀얀 미망

밤이면 밤마다 꿈에 들어
살갑던 발자국 고인 오솔길에
마음과 마음은 주저앉아
풀빛 그리움을 피우는데

가슴 밑바닥 휘휘 감겨오는
붉게 물든 하늘 한 자락
매듭진 마음이 굽이굽이 풀리면,
하얀 날개에 봄을 몰고 와
꿈의 숲으로 오색단장하리

못 견디게 그리운 날

기다림에 지쳐버린
그대 향한 그리움
소낙비로 내리고,
그 빗속에 선 내 속에도
세찬 빗발은 스며들어
하늘도 울고 나도 울고
푸른 나무도 함께 울었다

따라 울던 산 뻐꾸기
산 타고 내려와
내 귀에 울음 담는 오후,
그리움의 갈증 터져
뜰도 울고, 꽃도 울고
흠뻑 젖은 나와 같이
앞 강물에 어린
네 얼굴도 한없이 울었다

가슴 잠기는 울음

오뉴월 신록의 아침
뻐꾹 뻐꾹 뻐꾹 뻐꾹
쉼 없이 토하는 저 울음소린,
님 그리다 한 시절을 다 보내버린
한 맺힌 혼 하나 핏발 든 소리이려니,
구구절절 창 대목 뽑아내어
오장육부 애간장 녹이는 소리이려니

아, 오늘도 그 님 생각에
못 견딜 하루해를 울어 보내는
무너지는 가슴아, 여인아!
차라리 정일랑 주지 않았더라면
뻐꾹 뻐꾹, 애달픈
저 울음 깊이는 몰랐을 것을

온종일 뻐꾹새가 쉬지 않고
울어대는 푸른 봄날엔
보고픈 님의 얼굴
깊은 강물에 떨어져
영영 헤어나질 못하리

낙엽은 또 지는데

창을 스치는 저것은
사람의 넋일지 몰라
철 따라지는 슬픔이여!
인고와 의지로도
다스리지 못하는 일 있거니
이 몸은 언제 어느 곳에서
어떤 모습으로 거두어야 할는지
뼛속 깊이 이슬이 고여
무서리로 내리어 저문 날
나는 부질없는 한 잎 낙엽으로
상실의 늪에서 허우적댄다

계절의 우수

그래 삶이란 구름무늬
부귀영화, 행복도
한 줄기 바람일지 몰라

피 뜨겁던 여름 지나
바람에 낙엽은 뒹굴고
빛바랜 추억만 맴도는
어느덧 가을, 인생의 가을

머잖아 추운 계절이 온대도
마음 시리지 않기로,
그나마 여윈 손 잡아주고
빈 가슴 쓸어줄 이 있으니
겨울도 쓸쓸하지 않으리

인업의 껍질을 벗고
뭇 사연은 사루어
찬 이슬에 묻고 가는 길
노을이 지고 있다
다시 초심으로 돌아가자

*인업 : 내세의 과보를 이끌어 내는 현세의 업

백도라지의 전설

태고 서린 약산심골 백도라지로 꽃 핀 여인
둥실 꽃구름 먹고 푸른 산 정기 마시며
애달픈 가락으로 부르는 통심곡 노랫소리
아리 아라리요—

산을 넘는 그리움으로 오매불망 살아가면
동고동락 뜻 새긴 님
옷자락 날리며 찾아올 것을
소식 감감 끊겼다고 어이 님을 잊으리

하늘이 내린 인연은 진중하거늘
천 리 가신들 마음속에 님인데,
이 몸이 수백 번 없어져도
님께 향한 마음이야
언제나 푸르고 깊은 것을

오로지 일편단심 산도라지
새하얀 속살 몸매에 푸른 세월이 늙어라
지심으로 묻은 순정의 뿌리
천추만대 내리 뻗으라

계림

첨성대를 지나서
수묵담채 한 폭 같은
김알지의 탄생설화가 서린 계림 숲

아름드리나무에 기대어 눈 감으면
아스라이 태고음이 들리는 듯
가슴속에 섬섬이 젖어드는
들숨 날숨, 생명력의 숨소리

긴 세월 생성과 소멸을 거듭하며
갖은 풍상에 옹이 지고 널브러지고
수액마저 멈춰버린 고목나무
파르라니 이끼 돋고 버섯이 피어도
울울 창창 푸른 정령은 살아
거니는 길손의 마음을 끄는데

천 년 기원 두른 하늘 향해
숲을 일으켜 세우는 정기가 한결같아
신새벽 닭 울던 신라의 그 자리,

오늘도 청징한 새소리 높고
약빠른 다람쥐가 놀고
아이들의 노랫소리 파랗다

3
한 송이 들꽃으로 피어

한 송이 들꽃으로 피어

어차피 작은 뜰에서는
온전히 꽃 피지 못할 마음입니다

비록
따뜻한 손길 와닿지 않아
지독한 그리움의 눈물
남모르게 이슬 속에 감출지라도,
때리는 비바람 횡포에
야들야들 푸른 잎새
붉은 꽃잎 생채기가 날지라도

우러르는 하늘
원 없이 담고픈 소망으로
귓전 밝히는 풀벌레, 새소리 벗 삼아
세상의 곱고 맑은 뜻
맑은 향기 담고,
나 한 떨기 청초한 들꽃을 피우겠습니다

동백꽃 사랑

눈보라 칠수록 솟구치는
설원의 붉은 순정
절정의 순간 목숨 다한대도
희열로 벙그는 향취의 입술,
독장 같이 찬 바람 먹고
쌍코피 쏟으며
뚝뚝 질 운명일지언정
고운 동백꽃아!
너 홀로 사랑이구나
시린 겨울을 지우며
보조개 수놓을 봄이구나

노을이 물든 창가에 서면

아! 채화 천만 폭
노을 물든 창가에 서면
첫사랑 고백하듯
높아지는 단 숨결 소리

긴긴 세월 응고되어
흘러도 흐르지 못한 정
지워도 홅지 못한 것들
노을에 실려 출렁이면

나직이 부르는 이름 하나
나직이 화답하는
애달픈 얼굴 하나

먼 그리움의 하늘 자락
와인보다 진한 애수
오늘은 봉숭아 빛 여운으로
질펀히 어리는 影

*影(영) : 그림자

진달래 연정

겨우내 잠자던 산자락
숨 가쁘게 점화하여
화염 속 절정으로 타오르는 불꽃
내 사랑 목숨 다하는 날,
봄 골짝골짝 붉은 선혈 뿌려
백 년홍으로 활활 타오르리라

유혹하는 봄

이 무슨 현란한 유혹이랴
사뿐히 날리는 치맛자락 속
밀어처럼 스며드는 봄바람에
싱숭생숭 소녀적 가슴,
여태 긴 잠자는 그리움아
오, 봄은 꿈이어라
황홀한 꿈!

사물대는 봄볕 함빡 받은
진달래에 분홍 뺨 비비면
열일곱 수줍음이 곱게 피어나
넘실대는 풋풋한 봄내음,
소곤 조곤 들려오는 봄 소리

종달새 떼로 우짖는 봄날에
아지랑이로 흔드시는 그대
하물하물 흔들지 마요
사추기 설레는 영혼

어디메서 오시는 님이기에

앙상한 나목 같은 내게
풋풋한 입김으로 스미는 이여

그 어디메쯤 오시기에
피골의 겨울 병을 앓는 나를
꿈결에서 부르는 듯
아물아물 정신을 흐려 놓으시나

사철 꼭 다문 입술 열고
달디 단 미열 지펴 붉은 실핏줄에
잘근잘근 파고드는 이여,
그 어디메서 오시는 님이기에
벌 떼 같은 흥분으로
이토록 가슴 설레게 하시는가

정녕 그대가 봄이거든
화사하게, 따시게만 오시라
행여 봄바람으로 오려거든
부디 부드럽게, 살갑게만 부시라
그대의 품에 살포시
더없이 포근히 안기고파

진달래꽃 그늘에서

봄 입김이 뜨거워
겨우내 마른 등걸
수액이 돌고

살랑 봄바람 스침에도
자지러질 듯 웃음소리
향긋한 진달래꽃 그늘아래

어디서 내려왔는지
연분홍 꽃잎에 홀려
입 맞추던 산토끼 한 마리

햇물 젖어 탄성 하는
두견새 산울림에
화들짝 놀라 도망간다

봄봄봄

봄빛이 찾아오니
세상 다 새롭고 해맑은 표정
어디인들 봄이 아니리

겨우내 메마른 대지마다
술렁이는 생명의 소리,
현을 뜯는 바람결에
함빡 터뜨리는 꽃 웃음소리

싱그러운 유채밭 오선지에
쇼팽을 수놓는 저 종달새
메마르고 쓸쓸한 가슴에도
음표 가득 뛰놀게 해

콧노래 흥얼대는
화사한 봄 새봄이여!
희망이 샘솟는 가슴에
꿈꾸는 넋은 필시
더없이 따사롭고 푸르리

봄인데

봄내음에 끌려 창문을 여니
물오른 나무에 앉은
작은 새 한 마리
아마 님이 보냈으리라.
이제나 곧 오실까
가슴 졸여 기다리는 님,
그 어디에서 머물기에
이다지도 따스한 봄인데
얼굴 한 번 볼 길이 없네.
살랑이는 봄바람에
파릇파릇 미나리향은
코끝을 스쳐 풍기는데....

라일락 꽃향기 맡으면

살랑이는 바람결에
매혹의 향기로
가슴에 스미는 라일락

연보랏빛 꽃송이
입에 따 물고
살며시 눈 감으면
꽃물 들던 스무 살 봄

숨 쉬는 대지마다
교향악이 울려 퍼지고
고동치는 가슴은
한 마리 종달새 되어
노래하던 호시절

그 청춘의 봄
아름답던 꿈 깰까
환각의 꽃향기에 젖어
추억을 회상하네

오월의 노래

종달새 비비비비
찔레꽃 향기 흐르는
오월이 오면

산섶에 이슬 맺힌 뱀딸기
한입 가득 문 채
숲의 아늑함에 취해 사는
꽃배암이 되고 싶다

보리피리 삐리리……
여음으로 가슴에 앉은
청춘의 추억 한 자락
바람 목에 감고서

초승달이 수초처럼
흔들리는 강물에
종이배 그리움 실어
옛사랑 찾아 떠나고 싶다

산딸기 빠알갛게 익어가는 계절

이지에 지친 심신 산바람에 헹구려
칡넝쿨 얽힌 산속으로 들어오니
여기가 내 세상인 양,
젖 먹던 힘까지
바람결에 메아리 만들면

푸릇푸릇 나뭇잎 사이로
땀방울 송송 맺힌 채
정글모 쓰고 나타난 심마니
낯선 얼굴 친구처럼 반기며 건네는
몽실몽실 젖꼭지 터질 듯 산딸기 한 줌

부끄럼 깨문 얼굴에 빙긋이 웃는 눈결
풍기는 산내음이 싱그러워
구릿빛 저 손 잡고 따라가면
무슨 세상이 숨었을까……

산딸기 향기로운 호젓한 산속에서
한나절 꾸어보는 단꿈

시리게 푸른 날 뻐꾹새가 울면

눈 시리게 푸른 날
어디선가 뻐꾹새가 울면
회상의 두레박은
잔뜩 그리움만 길어 퍼 올려,
지금도 그곳엔 피고 있겠지.
천 년을 피고 지고픈 오동나무 꽃……
그 처연한 나뭇가지에 앉아
아리아리 울음 토해내는
뻐꾹새 한 마리

뻐꾹 뻐꾹 뻐국

지나온 세월 저 너머
망각의 늪에 잠겨버린 사랑
골 깊은 그 한을 울고 있겠지.
청춘 끝자락에 핀 이름 하나,
못내 서럽게 여윈 아픔으로
돌아오는 신록의 계절마다
창백하게 앓아눕는 나 대신
뻐꾹새 한 마리, 뻐꾹 뻐꾹
지금도 아파 울고 있겠지

차라리 산도라지 꽃으로 피었습니다

붉디붉은 열정으로도
못 다 한 사랑,
차라리 파라소름이
산도라지 꽃으로 피었습니다

함초롬히 수줍은 입술이어도
한 모금의 청 메아리 먹고서
알차게 굵어가는 산도라지

뜨겁게 뿌리진 가슴 그득
스스로 달래는 그리움은
오직 천 년 깊은 마음입니다

초록빛 여름날의 스케치

싱그런 초록빛 여름은
대지에 무성히 익고
사랑의 짝이 그립다고
합창하는 매미 떼의 연가

알배는 젊음이 출렁이는
한낮의 후끈한 열기 속
갑작스레 치는
천둥 번개 소리에
알차지는 풋과일들

푹푹 찌는 폭염 속에
아직도 오염이 안 된
강변가 노란 호박꽃과
물 위를 맴도는 잠자리는
딴 세상인 양 마냥 청청하기만

그리움이 젖어오는 바다

뚜우 뚜 수평선 머얼리
뱃고동 울음이 묻어오면
차마 돌아서기 아쉬운 바다,
수많은 발자국이 뒤얽힌
모래알 촉감이 저린 해변

빈 소라껍질 파도 소리 쌓이고
쉼 없이 철썩이는 소리는
가슴속으로 파고드는데,
출렁이는 물이랑 따라
잠겼다 날기를 반복하는
무심한 물새 떼의 원무곡

불어오는 짭조롬한 해풍에
파란 그리움이 젖는다
지워도 지워도 또다시
쏟아놓는 알몸의 정 앞에
울컥울컥 그리움이 젖는다

해바라기 연가

아아, 태양이여!
이글이글 작열하는 열정에
긴 목이 휘어질지언정,
외곬으로 비는 내 희원은
오직 당신을
즐거이 우러르는 권속뿐
또 달리 없습니다

번져오는 부신 환희에
독한 미움을 사랑으로
깊은 절망과 비애도
이제는 끝이라,
날마다 주시는 말씀은
미소진 얼굴에
까만 씨로 꼭꼭 박혀
참사랑으로 여뭅니다

비에 젖는 추억

창밖 잎새 끝에 맺힌 방울방울
세상 끝까지 촉촉이
다 적시고 왔을 빗방울

때리듯 가슴에 와닿아
부서지는 저 빗방울들,
저린 심장 한쪽에서
뚝뚝 듣는 빗소리에
까마득히 잊은 일들이
감감히 되살아나는 한때

그 많은 사연을 타고
낙수로 묻어오는 향수,
하염없는 이야기로
옛 추억이 나직이 술렁인다

가을 당신

한나절 내내
푸슬푸슬 쌓이는 빗물로
검은 눈 속은 어느새
물보라를 일으키는
호수가 만들어져 가고,
창가에 서성이다
옷자락에 스치는
비바람 한 줄기에도
갈대처럼 흐느끼는 가슴

아! 당신은 가을입니다.

석류

짙붉은 열정으로
영근 소녀의 사랑
수줍은 듯 품은 그리움

견디다 못해
'쩡'하고 파열하는 가슴
님이여 보세요, 나의 님이여
끝내 터진 가슴속
한 번만이라도 보세요

알알이, 또록또록 박힌
정념의 결정체
함박 눈부신 루비 홍보석을

가을은 오고 또 사랑도 오고

기어이 가을은 오고
사랑도 오고
시몬을 부르는 소리,
가을이 애타게 또
사랑도 부르지 않나

화들짝 들킬라
몰래 골방에만 숨 쉬던 사랑
오, 사랑아 가을이다!
갈바람 스렁스렁 걸치고
황금빛 들녘으로 나가자

가을빛 흥건한 으능 숲에
들려오는 저 깊고 농밀함,
심장의 고동을 들어보자
가지마다 빛 부신 오색 잎
단풍 든 사랑의 화음
다정히 속삭여 보자

국화 앞에 서면

그 무슨 소망이 있기에
청옥 빛 하늘을 향해
찬 서리에 고고히 피었나

그 무슨 뜻이 서렸기에
찬 바람결에 묻어오는
아린 숨결 그윽한 향기로
걸음을 멈추게 하는가

송이송이 해맑게 핀
국화 앞에 서면
심장 일렁이는 청초한 자태
눈 감는 엄숙함이여!

흐린 마음 올곧게 다스려
옷매무새 바로 하고
절절한 창가 하나
바람 속에 띄우고파라

오상고절 기맥을 담아
일편단심 천년 염원으로
혼 당겨 피고파라

산정에 오르면

홀로 산정에 오르면
해맑은 햇살 너울에
이름 모를 산꽃들은
목을 빼어 발돋움하고

새소리 눈빛도 맑게
찰랑찰랑 여울 짓는
푸르름의 산속은
온통 빛 부신 바다

빨간 단풍잎이 황홀한 시를 쓰면

가을인지 그리움인지 우리를 불러내어
꿈 한 조각 가슴에 품고서
물감으로 채색된 숲을 거닐면,
시선 주는 붉디붉은 잎사귀들은
저마다 황홀한 시를 곱게 쓰고
감탄하는 가슴은 한 잎 단풍잎

행여라도 그대와 가을 숲에서
마음 맞아 눈을 맞춘다면
통통 튀는 눈 시린 수정 햇살,
금세 어색한 마음은 둥글어지고
배실 배실 미소 짓는 입가엔
절로 새어 나오는 휘파람 소리,
제멋에 흥얼대는 콧노래 소리도
가을이니깐 좋지요

계절이 우리에게 주는 우수
그 속에 흐르는 가을 흐느낌도
가을이니깐 젖는 거지요
그냥 흠씬 젖는 거지요

나는 갈대입니다

이리저리
흔들리는 나는 갈댑니다
술에 취한 듯 춤을 추는
은발을 뒤 쓴 갈대

갈대로 섭니다
떠도는 백광부 넋인 양
꺼이꺼이 울부짖는 갈대
나는 갈대랍니다

가을 노래

가을은 온통 추색풍요
산자락 자락마다
절통한 핏빛 단풍으로
가슴에 확, 불 지르고

황금빛 햇살 받아
토실토실 영근 단열매들
황국화 짙은 향기에
흥건히 취한 여인이
은빛 설레는 갈대로
춤추는 가을의 노래

카랑카랑 높아진 하늘 아래
화사한 사념 쫓는 코스모스
젖은 동공에 피우고,
가을을 한 아름 모아
다홍 치마폭에 담는 추명,
가을은 한 편의 서정시다

가을처럼 우리 사랑하자

가을은 천 길 이랑마다
울긋불긋 물감 적시어
마음 화폭에 범람하는 빛,
은은히 차오르는 달빛같이
아름다움은 그냥 스미는 것!

시드는 것이 싫어
세월을 내쳐봐도
절로 입혀지는 연륜,
닳고 묵은 느낌
비워야만, 벗어야 만이
곱게 물이 드는 추색 풍요

심혼에 뜬 홍엽 한 잎 품고
물 묻은 감탄사 하나
심쿵한 가슴에 찍고,
가을빛처럼 깊은 동공 맞추며
가을처럼 멋있게 우리 사랑하자

비 오는 날에 너는

비로 자아내는 시름
네 모습이 눈에 밟혀
꼬리 무는 이 생각 저 생각
종일 아롱지는 보고픔에
비를 안주 삼아
홀로 술잔을 비우고
있는 건 아닌지

깊어지는 밤을 따라
목이 메는 낙수 소리,
빗소리에 울음 묻고서
고독이란 강물 위에
목선 하나 띄우고서
하염없이 그리움의 노를
젖고 있는 건 아닌지

비가 오는 날에 너는

가을은 갈 빛 바람을 타고

가을은 갈빛 바람을 타고 와
온 누리 물들이는 감추만상
꽃보다 더 고운 단풍잎이
계절의 황홀한 시를 쓰면
어눌한 시인도
눈물 탄 감탄사를 연발하며
한 잎 단풍이 된다네

해돋이

굽이치는 물결 너머
불쑥 치솟는 붉은 해
삼라만상이 잉태하듯
순간, 벅찬 감동에
냅다 지르는 함성

해 솟았다!

온 누리 환히 비춘
광명의 빛,
꿈틀대는 빛살 초점 하여
숨 고르는 가슴아

천지 번뜩이며
출렁이는 뜨거운 불덩이
저 희망찬 해를 안아라
환희의 해를 품어라

그대 함박눈으로 오는가

그리움도 애틋하면 눈꽃이 피는가
진정 사랑도 하늘에 닿으면
감동의 눈을 내리는가
온 누리 축복인 양 펄펄,
허공을 가득히 채운 흰 꽃들
사르르 날리는 그윽한 향훈은
송이송이 사뭇 정해라!

동화처럼 설레는 순수 낭만으로
눈시울 붉어진 눈에 젖는 공감대,
가슴 환히 열린 화폭의 뜨락에
감성이 흠뻑 젖은 영혼의 가지마다
햇살보다 더 눈부시고,
목화솜보다 포근한 눈꽃이 피어
사락사락 속삭이는 정화

아득히 먼 하늘가
그대 그리움도 함박눈으로 오는가
사방 회색빛 우중충한 산하,

순백 황홀한 입맞춤으로
봄을 몰고 올 사랑꽃을 피우는가

*정화 : 정답게 주고받는 이야기

바다

바다, 가없는 파도여
수평선 아득히 달려와
박지르며 쓰러지고
다시 치솟는 장엄

속 살결 내놓은 채
소금기를 토하며
고래 같은 파고로
해암에 부딪혀 절규하는
격랑의 바다

만선의 뱃머리
몰려드는 갈매기 떼 울음
어부들의 애환이 놀에 묻히면
의지로 일어서는 바다

아, 바다는 푸른 희망
목숨 다하는 날까지
갯내음 풍기며
그 푸름이 넘칠 게다

무지개로 뜨는 사랑

그대가 하늘이면
그대 품에 무지개로 뜨리라
화심 띠로 빚어낸
빨주노초파남보

빨간빛 띠에 뜨거운 열정
주황빛 띠에 눈부신 환희
노란빛 띠에 고요한 평화
초록빛 띠에 싱그런 순수
파란빛 띠에 밝은 희망
남색 빛 띠에 굳센 믿음
보랏빛 띠에 고운 사랑

겹 지른 아름다운 조화
신비의 비경,
내게서 솟아난 무지개
그대 품에 걸리거든
영혼의 피리를 불어라
온 세상 다 퍼지도록
행복의 메아리 울려라

4
다시 사랑한다면

그대

볼수록 그대의 눈은
아득히 깊어지는 호수
가만 곁에 머무는 듯,
풍기는 그대의 맑은 향기는
미풍이 스치는 언덕배기 핀
들국화가 생각나게 해

결 고운 잔잔한 숨소리
삶의 애달픔이 밀물 쳐도
아로새긴 마음 바탕은
잔물결에 일렁이며
고요히 피어나는 수련

티 없이 웃는 표정은
시름도 미소로 넉넉히 삭여
무한으로 뜨는 시공,
푸른 넋으로 빛나는
오늘보다 내일을 살게 하는
초롱초롱 새벽 별빛이다

당신

세파에 상한 등골
집안 가득히 채워진
당신의 따스한 온기에
하품 겨워 아물고
종일 지친 어깻죽지
사랑의 손길에 풀린다오

당신의 화사한 미소로
꿈의 씨알 정성으로
가꾸어가는 보금자리
행복의 화원이 되고
마음 편히 쉴 수 있는
쉼터가 된다오

그대야 울지 말아라

그대야
허공 속에 헤매지 마라.
잠깐이면 구름은 지고
한 때면 비는 그치나니
다시는 홀로 아파하지 마라

먼 산에 흰 눈 녹고
머잖아 봄빛 돌아오리니
그대 깊은 밤 슬피 울지 마라

엉킨 마음의 사슬 풀리고
가파른 절벽도 곧 무너질 것을
세상 끝날 듯이 그리 울지 말아라
그대 곁에 내가 늘 함께 하리니

인정

세상은 날로 박정하다지만
바다 건너 천 리로 와
넉넉히 불 밝히는 정성

물 먹은 시린 눈가에
바람도 속살 터져 출렁이는
완도 유자밭
한 알도 축날세라
보듬고 아끼시는 마음

님이여
얼마나 어진 손길로
가을을 지으셨기에
'심고 거둔 것은
나누어 먹어야 한다'

바람결 배인 그 말씀이
홀홀 삼키는 찻잔 속
향으로 우러나오나요

병상 일기

얼마나 아파야 죽음에 이르리
깊이 병들어 누운 날
외로움은 키 만큼 쌓이고
뼛속까지 시리고 저린 나는
핏방울 쫄아 앓는 새

칠흑 같은 수렁 속에서
밤 뜸 잦아지듯 한 숨결로
밤새껏 토하다 신음하다
열에 들떠 헛 뵈는 당신 모습……
어린 딸을 품에 안고
'내 손이 약손이다'
어루만지시던 자애의 손길

생살점 뜯기는 아픔으로
이승의 문밖 넘나들다가
가위눌려 깨어난 새벽녘이면
가물가물 헤쳐 보는 고통 자욱,
내 어이해 시들은 국화 마냥
기진맥진, 핼쑥하니
죽음을 마주하며 누웠는가

못 견디게 외로운 날

못 견디게
외로운 날은
와인 한 잔으로
짙붉은 꿈을 켜보네

외로움은
바람 빛깔

고립된 가슴속에
청승 풀어 바람에
한 움큼 띄우고

못 견디게
정녕 외로운 날은
하늘 보며
머리 세워 갈망하는
살무사 눈빛 닮아

잡을 수도 보낼 수도 없는 사랑

어쩌자고 사랑을 했을까

사랑할수록
온몸의 세포는 그리움에 물들고
허수아비처럼
외로움은 쌓여만 가는데
이토록 아픈 게 사랑일 줄이야!

대체 어쩌자고, 어쩌자고 했을까
차라리 물빛 감은 인어처럼
물거품으로 점점이 흩어질 것을
얼음에 응고된 촉수처럼
박제된 채 영원히 잠들 것을....

그대 사랑하는 것은

다만 외로워서가 아닙니다

그대 사랑함은
영혼이 들여다 보일 듯한
유리알 맑은 눈동자로
날 바라보기 때문입니다

세월의 그늘에 묻힌 내게
따뜻한 천사의 미소로
심혼을 울리기 때문입니다

무엇보다도 그대 사랑하는 것은
쉼 없는 옹달샘 가슴으로
나를 사랑해주는 까닭입니다

하여, 그대라는 존재는
내 생의 축복이자
삶의 거울이므로
곁에 머무는 것만으로도
진정 행복하답니다

다시 사랑한다면

또다시 사랑한다면
그늘진 영혼에게 희망 주는
제야에 울리는 종처럼
첫 마음으로 돌아갈 거야

때로 풀썩 주저앉고 싶도록
걷는 길이 외롭고 지칠 때
선뜻 손잡아 주는 사랑,
짙푸른 향나무 향같이
누군가의 가슴속에
오래 머무는 사랑을 할 거야

다시 누군가를 사랑한다면
마음 접히지 않도록
늘 웃음으로 다림질해
포근한 안식처가 되는
사랑을 할 거야

물살에 닳은 조약돌처럼
등 뒤 그림자로 묵묵히 따르는
그런 사랑을 할 거야

내 마음 당신

날마다 기지개 켜는 그리움
나지막이 이름 부르면
초롱초롱 뜨는 샛별 하나

절절히 타는 숨결 소리
별빛 와닿아 속삭이는 새벽 창
기다림이 은하로 흐르는 가슴에
보고픔은 산봉우리로 치솟는데

얼마나 손꼽아 기다려야
마주 손깍지 끼고
고운 눈웃음 나눌는지

낭랑한 목소리로
아무 말하지 않아도
마음은 늘 순금빛 인데
사랑한다는 그 말 한 마디,
빈 허공 속을 맴돌지라도
내 마음은 오로지 당신밖에!

내 사랑에게

참 좋은 내 사랑 당신
내 생명의 의미여
그대를 진정 사랑합니다

깊은 속 울음마저
맡겨 놓은 나에게
사랑은 풀꽃처럼
시드는 계절은 없습니다
이제는 아픔도 없을 겁니다

행여 요동치기를 멈추지 않는
태풍 속 바다의 멀미에
하얗게 엎질러 쓰러져도
사랑의 계절은 갯바위 운명처럼
오늘도 내일도 다함이 없습니다

끝내 잊지 못할 그대
영영 사랑할 겁니다
설령 그대 가고 없어도
내게 없어도

박고은 시집

한 사랑을 그리며

초판 1쇄 발행 2021년 10월 11일

지은이 박고은
펴낸이 이길안
펴낸곳 세종출판사

주소 부산광역시 중구 흑교로 71번길 12 (보수동2가)
전화 051-463-5898, 253-2213~5
팩스 051-248-4880
전자우편 sjpl5898@daum.net
출판등록 제02-01-96

ISBN   979-11-5979-461-2   03810

정가 14,000원

이 책은 저작권법에 따라 보호받는 저작물이므로 무단전재와 무단복제를 금지하며,
이 책 내용의 전부 또는 일부 내용을 재사용하려면 사전에 저작권자와 세종출판사의
동의를 받아야 합니다.

* 잘못된 책은 교환해 드립니다.